BEI GRIN MACHT SICH IHR WISSEN BEZAHLT

AF151832

- Wir veröffentlichen Ihre Hausarbeit, Bachelor- und Masterarbeit

- Ihr eigenes eBook und Buch - weltweit in allen wichtigen Shops

- Verdienen Sie an jedem Verkauf

Jetzt bei www.GRIN.com hochladen und kostenlos publizieren

Jeremy Fischer

Friedrich Dürrenmatt's "Die Physiker"

Dürrenmatts Beziehung zum Theater, Kalten Krieg und zur Verantwortung der Wissenschaft

GRIN Verlag

Bibliografische Information der Deutschen Nationalbibliothek:

Die Deutsche Bibliothek verzeichnet diese Publikation in der Deutschen National-
bibliografie; detaillierte bibliografische Daten sind im Internet über http://dnb.d-
nb.de/ abrufbar.

Dieses Werk sowie alle darin enthaltenen einzelnen Beiträge und Abbildungen
sind urheberrechtlich geschützt. Jede Verwertung, die nicht ausdrücklich vom
Urheberrechtsschutz zugelassen ist, bedarf der vorherigen Zustimmung des Verla-
ges. Das gilt insbesondere für Vervielfältigungen, Bearbeitungen, Übersetzungen,
Mikroverfilmungen, Auswertungen durch Datenbanken und für die Einspeicherung
und Verarbeitung in elektronische Systeme. Alle Rechte, auch die des auszugsweisen
Nachdrucks, der fotomechanischen Wiedergabe (einschließlich Mikrokopie) sowie
der Auswertung durch Datenbanken oder ähnliche Einrichtungen, vorbehalten.

Impressum:

Copyright © 2012 GRIN Verlag GmbH
Druck und Bindung: Books on Demand GmbH, Norderstedt Germany
ISBN: 978-3-656-84839-4

Dieses Buch bei GRIN:

http://www.grin.com/de/e-book/212270/friedrich-duerrenmatt-s-die-physiker

Dürrenmatts Beziehung zum Theater und seine Ansichten zum Kalten Krieg und zur Verantwortung der Wissenschaft dargestellt an seiner dramatischen Komödie „Die Physiker"

1) Einleitung

Bei der Wahl meines Facharbeitsthemas war für mich von entscheidender Bedeutung, dass der Autor in seinem Werk auf gesellschaftliche und politische Probleme eingeht und sich mit diesen auseinandersetzt. Dürrenmatts Theaterstücke erfüllen nicht nur dieses Kriterium, sondern sind durch seine Liebe zur Satire und seine besondere Vorstellung vom Theater auch einzigartig. Ich entschied mich dafür „Die Physiker" als Grundlage meiner Arbeit zu verwenden, da an dieser Komödie sehr gut deutlich wird wie Dürrenmatt politische Themen in seinen Stücken verarbeitet. Ziel dieser Arbeit ist es am Beispiel der „Physiker" Dürrenmatts Beziehung zum Theater und sein damit verbundenes Weltbild zu herauszuarbeiten, um Einblick in seine Denkweise zu erlangen. Außerdem habe ich mich mit Dürrenmatts Ansichten zum Kalten Krieg und zur Verantwortung der Wissenschaft beschäftigt, da diese Themen auch in den „Physikern" von großer Bedeutung sind. Alle analytischen Erkenntnisse dieser Arbeit sind nur für einen bestimmten Lebensabschnitt Dürrenmatts gültig, da eine Analyse der Entwicklung Dürrenmatts Weltbild und seiner Ansichten im Rahmen dieser Arbeit nicht möglich war. Meine Facharbeit ist, abgesehen von Einleitung und Fazit, in drei Kapitel unterteilt, die sich wiederum in einzelne Unterpunkte aufspalten. Im ersten Teil finden sich Hintergrundinformationen zu Dürrenmatt und zu den Physikern, so dass der Leser einen Überblick über Werk und Autor erlangt. Die Analyse des Weltbildes Dürrenmatts und seiner Beziehung zum Theater erfolgt in den ersten beiden Unterpunkten des zweiten Kapitels. In den beiden darauffolgenden Unterpunkten werden die Ansichten Dürrenmatts zur Verantwortung der Wissenschaft und zum Kalten Krieg anhand der „Physiker" dargestellt. Im letzten Kapitel wird die Position Dürrenmatts zur Verantwortung der Wissenschaft mit den Positionen Berthold Brechts und Heinar Kipphardts verglichen, um eine differenziertere Betrachtung Dürrenmatts Ansichten zu ermöglichen. Der nach obenhin begrenzte Umfang der Facharbeit war für mich die größte Herausforderung, da es Aufgrund der inhaltlichen Zusammenhänge der Kapitel kaum Möglichleiten gab, die einzelnen Unterpunkte zu kürzen, ohne die Zusammenhänge zu gefährden

2)   Friedrich Dürrenmatt im Porträt und „Die Physiker

2.1)   Friedrich Dürrenmatt : Eine Kurzbiographie

Friedrich Josef Dürrenmatt gilt als einer der bekanntesten deutschsprachigen Schriftsteller und Dramatiker und zählte bereits zu seinen Lebzeiten zu den Klassikern der Moderne. Er wurde am 5. Januar 1921 in Konolfingen, einem kleinen Dorf in der Schweiz als erstgeborener Sohn des evangelischen Pfarrers Reinhold Dürrenmatt und dessen Frau Hulda geboren.[1] Drei Jahre später wurde seine Schwester Verena geboren, außerdem sollen Dürrenmatts Eltern noch eine Adoptivtochter gehabt haben, deren Existenz in der Literaturwissenschaft allerdings umstritten ist.[1] Obwohl Dürrenmatt selbst seine Erziehung als liberal beschreibt, entwickelte er schon früh eine Abneigung gegenüber der christlich biederen Lebensweise seiner Eltern.[1]Stark geprägt wurde er hingegen durch seinen Großvater Ulrich Dürrenmatt, der ein rebellischer Dichter und Politiker war.[1] Folgen dieser Prägung sind unter anderem die Liebe Friedrich Dürrenmatts zur Satire und sein Auftreten als Querdenker und Rebell.[1] Nach dem Umzug nach Bern 1935 und seiner mit nur mittelmäßigen Zensuren bestandenen Matura 1941 studierte er bis 1946 Philosophie, Literaturwissenschaften und Naturwissenschaften in Zürich und Bern. Er brach dieses Studium aber ab, um Schriftsteller zu werden.[2] Zuvor hatte er versucht, sich an verschiedenen Kunsthochschulen zu bewerben, war jedoch abgelehnt worden, weil er nach eigener Aussage zu expressionistisch für die damalige Zeit gemalt habe.[2] Im Oktober 1946 heiratete er die Schauspielerin Lotti Geißler, die nur ein Jahr später ihren Sohn Peter und in den folgenden Jahren noch die beiden Töchter Barbara und Ruth zur Welt brachte.[2] Seine schriftstellerischen Anfänge waren vor allem finanziell schwierig, da seine ersten Bühnenstücke wie „Es steht geschrieben" und „Der Blinde" kaum Beachtung fanden. Erst mit seinem Welterfolg „Der Besuch der alten Dame" erreichte er 1956 große Bekanntheit und finanzielle Unabhängigkeit.[2] Unter dem Einfluss des Kalten Krieges und der atomaren Bedrohung schrieb er 1962 mit seiner tragischen Komödie „Die Physiker" seinen zweiten Welterfolg.[2] Daraufhin folgten weitere Bühnenstücke wie „Der Meteor", sowie Neuinszenierungen seiner älteren Werke und eine Ausstellung seiner Bilder in seinem langjährigen Heimatort Neuchatel.[2] Nachdem 1983 seine Frau Lotti Geißler verstarb, widmete er sich noch stärker seiner Arbeit.[2] Bei den Dreharbeiten zu einem Filmportrait, welches später unter dem Titel „Porträt eines Planeten" erschien, lernte er noch im selben Jahr die Journalistin Charlotte Kerr kennen und heiratete sie nur ein Jahr später.[2] Am 14. Dezember 1990 starb Friedrich

---

[1] Tantow, Lutz : Dürrenmatt, S.23-37
[2] Kurt, Nicola : http://www.duerrenmatt.net/biographie/

Dürrenmatt im Alter von 69 Jahren in Neuchatel an einem Herzinfarkt. Obwohl Dürrenmatt Zeit seines Lebens auch als Maler, politischer Denker und Redner aktiv war, wurde er vor allem durch sein literarisches Werk wahrgenommen.[1] Für dieses erhielt er unter anderem 1986 den Georg Büchner Preis.[2]

2.2) Theatertheorie Dürrenmatts, Entwicklung aus Brechts Theatertheorie

Bei Dürrenmatts Vorstellungen vom Theater von einer Theatertheorie zu sprechen, ist in der Literaturwissenschaft durchaus umstritten, da Dürrenmatt sich selbst, obwohl er zahllose Texte zum Theater schrieb, nie als Theatertheoretiker empfannd[3]. Dennoch habe ich mich dafür entschieden, diesen Begriff zu benutzen, weil Dürrenmatt mit seinen Aussagen zur Rolle und zur Funktion des Theaters ein so genaues Bild des Theaters zeichnet, dass man durchaus von einer Theatertheorie sprechen kann. Dürrenmatt sah sich seiner Zeit vor das Problem gestellt, dass der Bezug der Menschheit zur Schuld nach dem zweiten Weltkrieg zu kompliziert geworden war, um das Problem der kollektiven Schuld zu lösen.[4] Diese Problematik hatte zwangsläufig die Vermeidung der Themen Schuld und Verantwortung zur Folge.[4] Weil aber die Tragödie Schuld und Verantwortung voraussetzt, wie Dürrenmatt 1955 in seinem Text „Theaterprobleme" schreibt,[3] kann sie gar keine Wirkung mehr auf den Zuschauer haben. Er sieht die einzig mögliche Lösung des Problems in der Komödie, in welcher er durch die Groteske eine Identifikation des Publikums mit dem Bühnengeschehen vermeiden will, um so eine Distanz zwischen Zuschauer und Thema zu erzeugen.[3] Durch die so erzeugte Distanz überlistet er die Zuschauer und bringt sie dazu, sich mit Themen zu beschäftigen, die sie eigentlich verdrängen wollen.[5] Obwohl die Tragödie für Dürrenmatt als Literaturform nicht mehr möglich ist, spielt die Tragik in der Komödie für ihn eine entscheidende Rolle.[5] Schon vor Dürrenmatt entwickelte Brecht seine Theorie des „epischen Theaters", bei der ebenfalls die Distanz zwischen Zuschauer und Thema im Mittelpunkt steht.[5] Allerdings versucht Brecht diese mit einer Verfremdung des Bühnengeschehens durch die Einfügung von epischen Elementen und nicht-szenischen Formen wie Songs und Kommentaren in den Text zu erreichen, während Dürrenmatt das Thema an sich verfremdet, indem er es zur Komödie umformt.[5] Brechts Versuch in seinem Epischen Theater die Wirklichkeit darzustellen, steht im direkten Gegensatz zu Dürrenmatt, der in seinen Stücken „theatralische Alternativen" zur Wirklichkeit erschafft.[3] Brecht will mit seinen Theaterstücken das

---

[1] Pulver, Elsbeth : Literaturtheorie und Politik S.77 f.
[2] Kurt, Nicola : http://www.duerrenmatt.net/biographie/
[3] Knopf, Jan : Dürrenmatt, S.84
[4] Hambsch, Jasmin : http://jasmin-hambsch.suite101.de/der-dramatiker-friedrich-duerrenmatt-a53641
[5] Eisenbeis Manfred : Lektürehilfen Die Physiker, S.64-80

Publikum nicht nur unterhalten, sondern es auch von seiner marxistischen Ideologie überzeugen.[5] Dürrenmatt hingegen, für den Ideologien unzulässige Verkürzungen der Weltgeschichte darstellen, folgt mit seiner Theatertheorie keiner Ideologie.[1] Diese Ablehnung der Ideologien lässt sich auch mit der Tatsache erklären, dass Dürrenmatt im Gegensatz zu Brecht nicht davon ausgeht, dass Schriftsteller mit ihren Werken die Möglichkeit besitzen, die Welt zu verändern.[1] Obwohl sich die beiden Theorien in vielen Punkten unterscheiden und sogar widersprechen, ist Brechts Theorie vom „epischen Theater" grundlegend für Dürrenmatts Theatertheorie, weil sie sich als erste Theorie mit der für Dürrenmatt so entscheidenden Distanz zwischen Zuschauer und Thema befasst.

2.3) Die historischen Hintergründe zur Tragikomödie „Die Physiker"

In seinem Bühnenstück „Die Physiker" bringt Friedrich Dürrenmatt mit dem Kalten Krieg und der Verantwortung der Wissenschaft zwei zur damaligen Zeit politisch und gesellschaftlich hoch aktuelle Themen zur Sprache. Denn das zuvor fast uneingeschränkte Vertrauen der Bevölkerung in den Nutzen der Wissenschaft war nach den Atombombenabwürfen von Hiroshima und Nagasaki beeinträchtigt.[2] Auch der Absturz eines mit Atomwaffen beladenen amerikanischen Bombers im November 1961 über North Carolina führte der Öffentlichkeit die Möglichkeit einer nuklearen Katastrophe vor Augen.[3] Schon vorher hatten sich 18 deutsche Atomwissenschaftler in der „Göttinger Erklärung" 1957 gegen die militärische Nutzung der Kernenergie ausgesprochen.[4] Aber vor allem der Kalte Krieg war nach dem Abschuss eines amerikanischen Aufklärungsflugzeuges durch die UdSSR im Mai 1960 und dem Bau der Berliner Mauer im August des darauffolgenden Jahres ein politisch sehr brisantes Thema.[4] Im Jahr der Uraufführung der „Physiker" 1962 erreichten diese politischen Spannungen mit der Kuba Krise sogar ihren Höhepunkt.[3] Dürrenmatt zeigte großes Interesse für diese Themen und las unter anderem eine der Schriften des amerikanischen Atomphysikers J. Robert Oppenheimer, der als Vater der Atombombe gilt.[3] Besonderen Einfluss auf Dürrenmatt hatte allerdings das Buch „Heller als tausend Sonnen" von Robert Jungk, das 1956 erschien und als eines der ersten Bücher den Konflikt der Atomphysiker zwischen Menschlichkeit und Forschung beschreibt.[3] Bei seiner Rezension zu Jungks Werk, welche am 7.12.1956 in der „Weltwoche" erschien, fällt auf, dass viele Textstellen seinen später veröffentlichten „21 Punkten zu den Physikern" stark ähneln.[3] Dürrenmatts meist inszeniertes Stück ist also nicht nur stark

---

[1] Eisenbeis Manfred : Lektürehilfen Die Physiker, S.61-77
[2] Eisenbeis Manfred : Lektürehilfen Die Physiker, S.30
[3] Eisenbeis Manfred : Lektürehilfen Die Physiker, S.93 ff.
[4] Knopf, Jan : Dürrenmatt, S.104 f.

durch die historischen Umstände geprägt, sondern wird oftmals auch als literarische Reflexion seiner Ansichten zu diesen Umständen gesehen.

2.4) Inhalt und Aufbau der Komödie „Die Physiker"

Dürrenmatts Komödie „Die Physiker" wahrt nach aristotelischem Vorbild die Einheit von Ort, Zeit und Handlung und ist in zwei Akte gegliedert, welche genreuntypisch allerdings nicht in Szenen unterteilt sind. Der erste Akt beginnt mit einem einleitenden epischen Text, in dem Dürrenmatt den Ort der Handlung, das Sanatorium „Les Cerisiers" und dessen zumeist äußerst reiche Patienten beschreibt, die von der weltbekannten Psychiaterin Dr. Mathilde von Zahnd behandelt werden. Auch die drei Physiker, Ernst Heinrich Ernesti, der behauptet, er sei Einstein, Herbert Georg Beutler, der vorgibt Newton zu sein, und Johann Wilhelm Möbius, dem angeblich König Salomo erscheint, gehören zu ihren Patienten. Genau wie Newton drei Monate zuvor, erwürgte Einstein eine Krankenschwester. Die von Einstein strangulierte Krankenschwester liegt zu Beginn des Aktes noch im Saal. Die Polizei untersucht die Tat und Inspektor Voß befragt die Oberschwester, welche ihm allerdings ein Verhör des Täters untersagt, weil dieser sich beruhigen müsse. Während der aufgebrachte Inspektor auf die Leiterin der Anstalt wartet, führt er eine für ihn verwirrende Unterhaltung mit Newton. In dem darauffolgenden Gespräch des Inspektors mit der Leiterin willigt diese ein, männliche Pfleger für die Physiker zu beschäftigen. Bei einem Gespräch mit seiner geschiedenen Frau und seinen drei Söhnen täuscht Möbius einen Anfall vor, indem er wild brüllt und Verse von König Salomo rezitiert, woraufhin die Familie das Sanatorium bestürzt verlässt. Alleine mit Schwester Monika gibt er auf ihre Nachfrage hin zu, den Verrückten nur zu spielen, woraufhin sie ihm ihre Liebe gesteht. Doch obwohl er sie auch liebt, weist er sie zu ihrem eigenen Schutz ab. Da sie auf die Zurückweisung nicht reagiert, gesteht er ihr seine Liebe und tötet sie mit einer Vorhangkordel. Damit endet der erste Akt und erreicht zugleich seinen Höhepunkt, da der Zuschauer im Unklaren gelassen wird, ob Möbius verrückt ist oder ob er den Verrückten nur spielt. Der zweite Akt ist symmetrisch zum ersten Akt aufgebaut und beginnt genauso wie dieser mit einer kurzen Einleitung, die eine fast identische Ausgangslage wie zu Beginn des ersten Aktes schildert. Erneut wird der Tatort untersucht, dieses Mal jedoch hat Voß sich mit der Situation im Sanatorium abgefunden und lehnt eine Befragung Möbius ab. Beim Abendessen eröffnet Newton Möbius, dass er nicht verrückt, sondern ein bekannter Physiker sei, der von seinem Geheimdienst den Auftrag habe, Möbius zu entführen. Der Geheimdienst sei nämlich der Ansicht, dass Möbius eine Art Weltformel entdeckt habe, die unvorstellbare Macht mit sich brächte. An dieser Stelle betritt Einstein den Salon und berichtet, dass er ebenfalls ein bekannter Physiker sei, der sich im Auftrag eines anderen Geheimdienstes aber mit demselben Ziel wie Newton ins Sanatorium eingeschlichen habe. Einstein und Newton versuchen daraufhin, Möbius von ihren unterschiedlichen politischen Systemen zu überzeugen. Jeder der beiden will Möbius überreden, die Weltformel seinem Geheimdienst zur Verfügung zu stellen. Als Möbius aber berichtet, seine Aufzeichnungen verbrannt zu haben und ihnen klarmacht, dass seine Arbeit bei einer Veröffentlichung zur Vernichtung der Menschheit führen würde, lassen sie sich von ihm überzeugen, den Rest ihres Lebens im Sanatorium zu verbringen, um das Wissen geheim zuhalten und die Menschheit so vor dem Untergang zu bewahren. Doch die „schlimmstmögliche Wendung" in Form von Dr. Mathilde von Zahnd tritt ein, die in dem Glauben König Salomo habe es befohlen die Aufzeichnungen des Möbius längst kopiert und eingesetzt hat, um die Weltherrschafft zu erlangen. Am Ende des Stückes schlüpfen die Physiker wieder in ihre alten Rollen und akzeptieren damit ihr Leben im Sanatorium und den bevorstehenden Untergang der Menschheit.

3) Analyse der Beziehung Dürrenmatts zum Theater und seiner Ansichten anhand der Komödie „Die Physiker"

3.1) Funktionen und Stilmittel des Theaters nach Dürrenmatt

Dieses Kapitel beschäftigt sich mit der Verwendung der für Dürrenmatt typischen Stilmittel in der Komödie „Die Physiker", ihrer jeweiligen Funktion und ihren Zusammenhängen mit der in 2.2 dargestellten Theatertheorie. Einfall, Zufall, Paradoxie und Groteske gelten nicht als klassische Stilmittel, werden jedoch von Dürrenmatt als solche verwendet. Bevor ein Autor mit dem Verfassen eines Stückes beginnen kann, braucht er eine Grundidee, die Dürrenmatt als den Einfall bezeichnet. Der Einfall soll die verschleierte und undurchschaubare Wirklichkeit zu einer Komödie umformen, um diese bloß zustellen und sie somit sichtbar für das Publikum zu machen.[1] Dadurch kann die in seiner Theatertheorie geforderte Distanz zum Zuschauer geschaffen werden. Der Einfall wird aber zum Zufall, wenn er im Stück auftretend das geplante Handeln eines Protagonisten durchkreuzt und genau das Gegenteil von dem, was dieser erreichen wollte, bewirkt.[1] Diese Definition findet sich auch in den 21 Punkten zu den „Physikern". „Planmäßig vorgehende Menschen wollen ein bestimmtes Ziel erreichen. Der Zufall trifft sie dann am schlimmsten, wenn sie durch ihn das Gegenteil ihres Ziels erreichen." (Dürrenmatt, 1962, S. 92). Durch den Zufall werden die ursprünglich tragischen Helden der Lächerlichkeit preisgegeben. Dies geschieht auch mit Möbius, der planmäßig vorgeht, um den Missbrauch seiner Arbeit zu verhindern,

---

[1] Dürrenmatt, Friedrich : Theater Schriften und Reden, S120 ff.

allerdings durch den Zufall ins „falsche Irrenhaus" flüchtet und das Befürchtete somit erst ermöglicht. Möbius tritt kurz vor Ende des Stückes wie ein klassischer tragischer Held auf, der seine persönliche Freiheit opfert, um die Menschheit zu schützen. Als jedoch klar wird, dass sein gesamtes Handeln und auch der Mord völlig sinnlos waren, wirkt er durch seine nutzlosen Bemühungen nur noch lächerlich. Auch die schlimmstmögliche Wendung am Ende des zweiten Aktes ist als Folge des Zufalls, wie Dürrenmatt in den 21 Punkten zu den Physikern schreibt, unvermeidbar. „Eine Geschichte ist dann zu Ende gedacht, wenn sie ihre schlimmstmögliche Wendung erreicht hat." (Dürrenmatt, 1962, S. 91). Die durch den Zufall lächerlich wirkenden Protagonisten sorgen beim Publikum für Heiterkeit und bringen es zum Lachen. Dieses Lachen erzeugt beim Publikum einerseits eine Distanz zum Geschehen[1] und stärkt andererseits die Freiheit des Menschen. „Im Lachen manifestiert sich die Freiheit des Menschen, im Weinen seine Notwendigkeit" (Dürrenmatt, 1969, S. 128). Die Bedeutung der Paradoxie für Dürrenmatts Theater wird bereits an der Grundsituation der Physiker deutlich. Für diese ist Ordnung von großer Bedeutung, wie Newton Inspektor Voß gegenüber erwähnt: „ Ich ertrage Unordnung nicht. Ich bin eigentlich nur Physiker aus Ordnungsliebe geworden." (Dürrenmatt, 1962, S. 19). Die drei Physiker befinden sich aber in einem, von der geisteskranken Psychiaterin Mathilde von Zahnd geleitetem Sanatorium und damit im Chaos. Noch deutlicher wird die paradoxe Grundsituation dadurch, dass die einzig wirklich Verrückte im Sanatorium die Leiterin selbst ist. Dürrenmatts wichtigstes Stilmittel, um das Paradoxe darzustellen, ist die Groteske.[2] Sie führt in Dürrenmatts Dramen oftmals zu Situationen, die entsetzlich und komisch zugleich sind.[2] So wirkt Möbius Mord an Monika unmittelbar nach dessen Liebeserklärung zunächst grausam und tragisch, während er am Ende des Stückes durch seine Sinnlosigkeit zugleich auch eine gewisse Komik aufweist. Die Groteske pervertiert durch Übertreibungen die Wirklichkeit, um dem Zuschauer die Probleme vor Augen zu führen. Dadurch soll auch die Distanz zwischen Zuschauer und Publikum erhöht werden.[2] Auch die Problematik der atomaren Bedrohung wird in den „Physikern" gleich auf zwei Arten verdeutlicht. Die Macht, die von der Atombombe ausgeht, wird von der Macht der Weltformel, mit der sich die ganze Erde beherrschen lässt, noch übertroffen. Und auch die Gefahr der Anwendung ist in den „Physikern" größer als in der Realität, da sich diese nicht in dem Besitz einzelner Staaten, sondern in dem einer Verrückten befindet. Dürrenmatt versucht durch seine Stilmittel primär die für seine Theatertheorie benötigte Distanz zum Zuschauer zu schaffen. Allerdings will er durch den Einsatz dieser Mittel auch die Freiheit des Menschen stärken und sieht in diesem

---

[1] Knopf, Jan : Dürrenmatt, S.84 f.
[2] Eisenbeis Manfred : Lektürehilfen Die Physiker, S.74 f.

die einzige Möglichkeit die Führungselite durch sein literarisches Werk wirksam zu kritisieren.[1]

. 3.2) Dürrenmatts Weltbild und seine Beziehung zum Theater

Dürrenmatts Weltbild und seine Beziehung zum Theater sind eng miteinander verknüpft und deshalb kaum voneinander zu trennen. In seiner Weltanschauung liegt der Grundstein für seine Theatertheorie und somit auch für sein schriftstellerisches Schaffen. Dürrenmatts Weltbild zeichnet sich dadurch aus, dass er die Geschehnisse auf der Welt als eine Art Theater empfindet und sie in Form der Komödie verarbeitet.[2] Sogar die Beschäftigung mit der atomaren Bedrohung durch den Kalten Krieg mündet bei ihm in einer Komödie, die in einem Irrenhaus spielt. Die Wahl des Sanatoriums als Ort des Geschehens, ist für Dürrenmatt jedoch durchaus logisch, da für ihn die Führungspersonen der westlichen Welt auf einer Stufe mit den Patienten einer Irrenanstalt stehen.[2] Auch die Einleitung des ersten Aktes der „Physiker" macht dies deutlich, da Dürrenmatt die Patienten des Sanatoriums als „die geistig verwirrte Elite des halben Abendlandes" (Dürrenmatt, 1962, S. 12) bezeichnet. Obwohl Dürrenmatt mit seinem Theater immer Stellung zu politischen und gesellschaftlichen Problemen bezog, vertrat er wie in Kapitel 2.2 dargestellt keinerlei Ideologie, um die Freiheit seiner Arbeit nicht durch ideologisches Gedankengut einzuschränken. Dies zeigt sich in den „Physikern" darin, dass Möbius die von Newton und Einstein vertretenen Ideologien mit der Begründung, beide würden seine Forschungen nur ausnutzen ablehnt.[3] Freiheit und Uneingeschränktheit sind für Dürrenmatt wichtige Grundsätze des Theaters. Deshalb spricht sich Dürrenmatt auch für die Ersetzung der Begriffe „möglich" und „unmöglich" durch „wahrscheinlich" und „unwahrscheinlich" in der Dramaturgie aus, um dieser die Einschränkungen, die durch „möglich" und „unmöglich" entstehen, zu nehmen. „Je genauer ich eine Kunst zu definieren versuche, desto enger wird der Käfig, in den sie mich sperrt." (Dürrenmatt, Sätze über das Theater, S. 16) schreibt Dürrenmatt zu diesem Thema in seinen Sätzen über das Theater. Auch um die Freiheit des Menschen zu stärken, wählt er die Form der Komödie, da Lachen für Dürrenmatt wie in 3.1 erläutert, eine Stärkung der menschlichen Freiheit bedeutet. Diese sieht er für den Menschen des zwanzigsten Jahrhunderts schon als fast verloren an, weil der Mensch sie größtenteils an Maschinen und undurchsichtige Staatsapparate abgegeben hätte. Seine Kritik daran wird auch an einem seiner bekanntesten Zitate deutlich: „ Der Mensch wird in der modernen Welt zum Spielball der Mächte" (Pulver, 1980, S. 74).

---

[1] Dürrenmatt, Friedrich : Theater Schriften und Reden, S.128
[2] Tantow, Lutz : Dürrenmatt, S.14-22
[3] Dürrenmatt, Friedrich : Die Physiker S.73 f.

Auch Möbius verliert in „Die Physiker" die Kontrolle über sein Wissen und dessen Verwendung und dadurch letztlich auch seine Freiheit. Dürrenmatt sieht die Menschheit in einem Labyrinth gefangen, aus dem jeder Fluchtversuch sinnlos sei.[1] Daher schafft er mit den „Physikern" auch eine Welt der Sinnlosigkeit, da das gesamte Handeln der Physiker im Nachhinein vergebens war, weil die verrückte Psychiaterin bereits über alle Aufzeichnungen verfügte. Mit dieser Gefangenschaft des Menschen lässt sich auch die teilweise fast schon fatalistische Haltung Dürrenmatts erklären, die auch in vielen seiner Werke deutlich wird. So schreibt er zu Beginn seiner ersten nie veröffentlichten Komödie 1943 „ Wie die Zeit geworden ist, müssen wir sie ertragen. Im Ertragenkönnen liegt die Gnade" (Arnold, 1980, S. 35). Diese Haltung wird auch an der in 3.1 dargelegten Unabwendbarkeit der schlimmstmöglichen Wendung einer Geschichte deutlich. Auch die Physiker akzeptieren am Ende des Stückes ihre Niederlage und schlüpfen ohne Protest in ihre alten Rollen. Der fatalistische Dürrenmatt steht jedoch im krassen Gegensatz zu dem Dürrenmatt, der in jedem seiner Stücke gesellschaftliche und politische Probleme anprangert und eine Theatertheorie schuf, um den Menschen die Missstände vor Augen zu führen. Dieser Gegensatz lässt sich am besten mit der Definition eines „mutigen Menschen" nach Dürrenmatt erklären. Der „mutige Mensch" versucht eine hoffnungslose Welt zu verändern, obwohl er um die Sinnlosigkeit seines Versuches weiß.[2] Dürrenmatt ist also nach seiner eigenen Definition ein mutiger Mensch, da er versucht, die Welt durch sein Theater zu verändern, obwohl ihm bewusst ist, dass er keinen Erfolg haben kann, was auch am letzten der 21 Punkte zu den „Physikern" deutlich wird. „Der Dramatiker kann den Zuschauer überlisten, sich der Wirklichkeit auszusetzen, aber nicht zwingen ihr standzuhalten oder sie gar zu bewältigen." (Dürrenmatt, 1962, S. 93). Eine weitere Erklärung für dieses Paradoxon ist, dass Dürrenmatt die hoffnungslose Welt durch sein Schreiben verarbeitet. „Das Formulieren der Trostlosigkeit ist mein Trost." (Arnold, 1980, S. 41) Dürrenmatt spricht sich mit seinem Theater für die Freiheit der Künste und für die des Menschen aus, obwohl er letztere bereits als beinahe verloren erachtet.

3.3) Ansichten Dürrenmatts zum Kalten Krieg

Dass die Entstehung der „Physiker" unter dem Einfluss des Kalten Krieges stand, wird schon an den Parallelen zwischen der Situation in Dürrenmatts Komödie und der Ausgangslage des Kalten Krieges deutlich. Die Rivalität Einsteins und Newtons bei dem Versuch, Möbius Weltformel zu erlangen, ist durchaus mit dem Wettlauf zwischen der USA und der UdSSR beim Bau der Atombombe zu vergleichen. Newton und

---

[1] Eisenbeis Manfred : Lektürehilfen Die Physiker, S.61
[2] Knopf, Jan : Dürrenmatt, S.87

Einstein stehen dabei genau wie die USA und die Sowjetunion für unterschiedliche politische Systeme. Newton erscheint als kapitalistischer Wissenschaftler, der sich für die Freiheit der Wissenschaft ausspricht, ohne jedoch die damit verbundene Verantwortung anzuerkennen.[1] Einstein hingegen stellt als sozialistischer Wissenschaftler seine Forschung ganz in den Dienst seiner Partei.[1] Möbius lehnt es jedoch ab, sich einem der beiden politischen Systeme anzuschließen, da er durch beide einen Missbrauch seiner Arbeit und eine Einschränkung seiner Freiheit befürchtet.[1] Diese Ablehnung lässt auch Rückschlüsse auf die Ansichten Dürrenmatts zu. Dieser ist nämlich der Meinung, dass kapitalistische und sozialistische Staaten in ihrem Endzustand fast identisch seien und, dass beide die Freiheit des Menschen durch ihre Staatsgewalt stark einschränken würden.[2] Dürrenmatt ergreift im Konflikt zwischen der USA und der UdSSR also nicht Partei für eine der beiden Seiten, sondern kritisiert beide. Er wirft ihnen vor, einen Atomkrieg in Kauf zu nehmen, um ihre machtpolitischen Ziele zu erreichen. Dürrenmatt macht diesen Vorwurf im Drama „Die Physiker" deutlich, indem er Einstein sagen lässt: „Gewisse Risiken muss man schließlich eingehen." (Dürrenmatt, 1962, S. 73). Dürrenmatt verschärft seine Kritik an den Politikern der einzelnen Staaten noch, wenn er in seinem Text „Das Schicksal der Menschen" schreibt: „Das Schicksal der Menschen wird davon abhängen, ob sich die Politik endlich bequemt, das Leben eines jeden heilig zu nehmen, oder ob die Hure weiterhin für jene auf die Straße geht, denen nichts heilig ist." (Miesch, 2000). Er wirft der Politik vor, das Leben der Menschen aufs Spiel zu setzen und sich von den Interessen der Wirtschaft leiten zu lassen. Die Ursachen für den Kalten Krieg liegen für Dürrenmatt deshalb nicht in den Differenzen zweier politischer Systeme, sondern in der egoistischen Machtpolitik Einzelner. Dies zeigt sich auch an den „Physikern", da die schlimmstmögliche Wendung nicht durch eine Auseinandersetzung Einsteins und Newtons, sondern durch das Eingreifen der machtbesessenen Irrenärztin herbeigeführt wird. Lösen können diesen Konflikt allerdings nicht Einzelne, sondern nur alle gemeinsam, da seine Auswirkungen alle betreffen wie Dürrenmatt in den 21 Punkten zu den Physikern schreibt: „ Was alle angeht, können nur alle lösen." (Dürrenmatt, 1962, S. 92). Jan Knopf ist der Meinung, dass mit dieser Aussage eigentlich die Unmöglichkeit einer Lösung gemeint ist. „ Es gibt nur eine globale Lösung, und das heißt in Dürrenmatts Sinn: es gibt keine." (Knopf, 1988, S. 109). Ich würde dieser These jedoch widersprechen, da ich glaube, dass Dürrenmatt eine globale Lösung zwar für unwahrscheinlich, aber dennoch für möglich hält. Da Dürrenmatt sich in

---

[1] Dürrenmatt, Friedrich : Die Physiker, S.70 ff.
[2] Pulver, Elsbeth : Literaturtheorie und Politik S.76

seinen Sätzen über das Theater wie in 3.2 erwähnt dafür ausspricht die Begriffe unmöglich und möglich durch wahrscheinlich und unwahrscheinlich zu ersetzen.

3.4) Ansichten Dürrenmatts zur Verantwortung der Wissenschaft

Dürrenmatt wirft mit seinem Drama „Die Physiker" die Frage auf, wie die Wissenschaft gerade im Atomzeitalter mit ihrer Verantwortung umgehen sollte. Er stellt mit Einstein und Newton zwei Physiker dar, die ihre Forschung in den Dienst einer Regierung stellen und keinerlei Verantwortung für die Verwendungsweise ihrer Arbeit übernehmen. Möbius hingegen ist sich seiner Verantwortung bewusst und hält seine Forschungsergebnisse zurück, um die Menschheit vor deren Auswirkungen zu schützen. „Es gibt Risiken, die man nie eingehen darf: der Untergang der Menschheit ist ein solches." (Dürrenmatt, 1962, S. 73). Er lässt sich nicht von persönlichen Vorteilen, sondern nur von der Vernunft leiten und stellt damit den Antagonisten zu der Leiterin des Sanatoriums dar, welche die egoistische machtbesessene Führungselite repräsentiert. „ Wir müssen versuchen, das Vernünftige zu finden." (Dürrenmatt, 1962, S. 72). Für Möbius ist die Wissenschaft an Grenzen gestoßen, welche sie nicht überschreiten darf. „ Wir haben das Ende unseres Weges erreicht. [...]Es gibt für uns Physiker nur noch die Kapitulation vor der Wirklichkeit." (Dürrenmatt, 1962, S. 74). Durch die Übernahme der Verantwortung kann Möbius die Veröffentlichung seiner Werke jedoch nicht verhindern, da er als Einzelner im System gefangen ist und dadurch keine Chance hat etwas zu verändern. Dürrenmatt macht dies in seinen 21 Punkten zu den Physikern deutlich: „ Jeder Versuch eines Einzelnen, für sich zu lösen, was alle angeht, muß scheitern." (Dürrenmatt, 1962, S. 93). Er vergleicht die Situation des Möbius mit der des Ödipus.[1] Möbius flieht in die Irrenanstalt, um eine Veröffentlichung seiner Arbeit zu verhindern, Ödipus nach Theben, um dem ihm prophezeiten Vatermord zu entgehen. Doch beide machen durch ihre Flucht das, was sie vermeiden wollten, erst möglich. Dieses Ödipus-Motiv lässt sich auch auf die Wissenschaft übertragen, denn auch diese weiß um die Gefährdung der Menschheit, die durch ihre Arbeit entsteht. Da die Wissenschaft aber unter starken politischen und wirtschaftlichen Einflüssen steht, kann sie die Verwendung ihrer Arbeit nicht kontrollieren und die Gefährdung nicht abwenden. Einen großen Teil der Schuld für die Verantwortungslosigkeit der Wissenschaft sieht Dürrenmatt deswegen auch bei den Regierungen und der Industrie. Sie missbrauchen die Wissenschaft und nutzen sie aus,[2] so wie auch die Psychiaterin Möbius ausnutzt. Der Ursprung des Problems liegt für Dürrenmatt in der Unfreiheit der Wissenschaft, welche aus der in 3.2 beschriebenen

---

[1] Dürrenmatt, Friedrich : Über F.D. , S.24
[2] Knopf, Jan : Dürrenmatt, S.97

Gefangenschaft des Menschen resultiert. Deshalb ist Dürrenmatts Komödie ein Apell an die Wissenschaft sich von Politik und Wirtschaft zu lösen, um wieder Verantwortung für den Einsatz ihrer Forschungsergebnisse zu übernehmen. Seine wahrscheinlich wichtigste Forderung ist allerdings, nicht alles zu denken, was möglich ist, sondern abzuwägen, ob das, was man entwickeln will, für den Menschen von Vorteil ist, oder ob es ihn gefährdet. So schreibt Dürrenmatt 1956 in seiner Rezension über Robert Jungks Buch „Heller als tausend Sonnen „ Denken kann vielleicht überhaupt in Zukunft immer gefährlicher werden." (Tantow, 1992, S. 150). Möbius erkennt am Ende des zweiten Aktes mit den Worten „Was einmal gedacht wurde, kann nicht mehr zurückgenommen werden." (Dürrenmatt, 1962, S. 85) sein Scheitern an. Und auch Dürrenmatt weiß, dass seine Forderungen, auch wenn sie vom Zuschauer erkannt werden, kaum etwas bewirken können. Doch er zeigt sich einmal mehr als „mutiger Mensch", indem er sie dennoch stellt und somit der Sinn- und Hoffnungslosigkeit der Welt trotzt.

4) Die Verantwortung der Wissenschaft in Brechts Stück „Leben des Galilei" und in Kipphardts Drama „In der Sache J. Robert Oppenheimer"

4.1) Die Verantwortung der Wissenschaft in Brechts „Leben des Galilei" und in Dürrenmatts Komödie „Die Physiker" im Vergleich

Brechts Theaterstück über das Leben des berühmten Physikers Galileo Galilei, das 1939 geschrieben wurde, beschäftigt sich genau wie „Die Physiker" mit der Verantwortung der Wissenschaft. Galilei forscht im 17. Jahrhundert am kopernikanischen Weltbild und verbreitet seine Lehre über dieses. Obwohl der päpstliche Astronom Galileis Ergebnisse bestätigt, ist die Kirche nicht bereit, das geozentrische Weltbild durch das kopernikanische zu ersetzen und droht Galilei mit Folter, sollte er seine Lehre nicht widerrufen. Aus Angst vor der Folter widerruft er, wird aber dafür von Freunden und Schülern gemieden. Auch Galilei selbst betrachtet seinen Widerruf als Verrat an der Wissenschaft und als Verlust seiner Ehre. Es gelingt ihm aber mit Hilfe seines Schülers Andrea, trotz kirchlicher Aufsicht, ein Exemplar seines verbotenen Buches „Discorsi" außer Landes und somit an die Öffentlichkeit zu bringen. Bei dem Vergleich der beiden Stücke fällt auf, dass Brechts „Leben des Galilei" eine Art Gegenentwurf zu den „Physikern" darstellt. Während der Fortschritt der Wissenschaft bei Brecht für die Entwicklung der Menschheit von großer Bedeutung ist, bedeutet er bei Dürrenmatt das Ende der Menschheit. Galileis Verantwortung ist es also, sein Wissen zu verbreiten, Möbius Verantwortung hingegen ist es, sein Wissen geheim zu halten. In der Literaturwissenschaft werden „Die Physiker" deswegen oftmals als Zurücknahme des „Galilei" bezeichnet. Die beiden Protagonisten unterscheiden sich aber nicht nur in ihrem Ziel, sondern auch in ihrem Auftreten grundlegend. Galilei gibt die Verantwortung aus Furcht vor Schmerzen ab, während Möbius sie trotz persönlicher Nachteile übernehmen will. Er hat im Gegensatz zu Galilei aber nicht die Möglichkeit die Verantwortung zu übernehmen, da er in einer Gesellschaft lebt, in der die Entscheidung des Einzelnen nichts mehr bedeutet. Galilei hingegen hat die Chance durch sein Eingreifen die Geschichte zu verändern. An diesem Gegensatz wird auch der grundlegende Unterschied zwischen Dürrenmatts und Brechts Theatertheorie deutlich. Brecht glaubt die Welt mit seinem Theater verändern zu können, also haben auch seine Figuren die Möglichkeit dazu. Dürrenmatt sieht keine Hoffnung auf Veränderung und somit existiert diese Hoffnung auch für seine Protagonisten nicht. Die Theorie einer Zurücknahme des „Leben des Galilei" durch Dürrenmatt muss also auch vor den verschiedenen weltpolitischen und historischen Hintergründen gesehen werden, da die Erstfassung von Brechts Werk mehr als 20 Jahre vor den „Physikern" entstand.

4.2)   Die Verantwortung der Wissenschaft in Kipphardts Drama „In der Sache

J. Robert Oppenheimer" und in Dürrenmatts Drama „Die Physiker" im

Vergleich

Heinar Kipphardts 1964 verfasstes Theaterstück „In der Sache J. Robert Oppenheimer" basiert auf den Vernehmungsprotokollen des amerikanischen Atomphysikers J. Robert Oppenheimer, der als Leiter des Los Alamos Projekts maßgeblich am Bau der Atombombe beteiligt war.[1] Als dieser sich nach dem zweiten Weltkrieg weigerte die Forschung an der Wasserstoffbombe voranzutreiben, wurde ein Untersuchungsausschuss zur Überprüfung seiner Loyalität und seiner Sicherheitsfreigabe einberufen.[1] Kipphardts Stück schildert den Verlauf der Untersuchung sehr realitätsnah, obwohl einige Aussagen Oppenheimers sowie auch dessen gesamtes Schlusswort frei erfunden sind.[1] Oppenheimer wird, neben seinen Kontakten zu Personen in der kommunistischen Partei vor allem seine Zurückhaltung beim Bau der Wasserstoffbombe vorgeworfen. Oppenheimer begründet diese Haltung mit der Gefahr die von einer solchen Bombe ausgehe und mit moralischen Zweifeln am Nutzen einer solchen Waffe. Zwei der drei Ausschussmitglieder werten diese Einstellung allerdings als Verrat und entziehen ihm die Sicherheitsfreigabe, da er durch

---

[1] Kipphardt ‚Heinar : In der Sache J. Robert Oppenheimer, S.141 ff.

seine Zurückhaltung Amerika im Kalten Krieg geschadet habe. Oppenheimer wird genau wie Möbius ausgenutzt und hat keine Möglichkeit durch sein Handeln etwas zu verändern, weil auch er seine Freiheit an eine übergeordnete Macht verloren hat. Wie auch Möbius erkennt er, dass die Physik durch ihre gestiegene Bedeutung ihre Freiheit verloren hat. „An diesem Kreuzweg empfinden wir Physiker, daß wir niemals so viel Bedeutung hatten und daß wir niemals so ohnmächtig waren." (Kipphardt, 1964, S. 140). Da diese Ohnmacht durch die militärische Nutzung der Wissenschaft entsteht, unterstützt Kipphardt Dürrenmatts Forderung nach einer Trennung von Militär und Wissenschaft. Dies wird vor allem deutlich, wenn er Oppenheimer in der letzten Szene fragen lässt, „ob wir den Geist der Wissenschaft nicht wirklich verraten haben, als wir unsere Forschungsarbeit den Militärs überließen, ohne an die Folgen zu denken." (Kipphardt, 1964, S. 139). Allerdings hält Kipphardt die zivile Forschung weiterhin für möglich und fordert im Gegensatz zu Dürrenmatt nicht die Kapitulation der Wissenschaft vor der Realität. Auch erkennt Oppenheimer zwar die Gefahren, die durch seine Forschung entstehen, lehnt es aber, anders als Möbius, zunächst ab, Verantwortung für diese zu übernehmen.[1] Erst in der letzten Szene kommt er zu dem Schluss, dass er die Verantwortung für seine Arbeit und deren Folgen übernehmen muss. Kipphardts Drama endet also mit einer Einsicht, die Dürrenmatts Protagonist Möbius schon vor Beginn des Stückes erlangt hat. Beide Autoren wollen den Leser zur kritischen Auseinandersetzung mit der Verantwortung bewegen. Während Dürrenmatt eine fiktive Situation schafft, die die Wirklichkeit grotesk verzerrt, bezieht sich Kipphardt mit seinem Dokumentartheater[1] auf historische Ereignisse, an denen er die Wirklichkeit darstellt.

5) Fazit

Die ausführliche Beschäftigung mit Dürrenmatts Weltbild in dieser Arbeit war ursprünglich nicht geplant, ist aber für das Verständnis der Beziehung Dürrenmatts zum Theater unerlässlich, da er sein Theater als Abbild der Realität betrachtet. Dürrenmatt benötigt für sein Theater Distanz zwischen den Zuschauern und dem Geschehen auf der Bühne, welche er durch den Einsatz der ihm eigenen Stilmittel erreicht. Durch diese Distanz ist der Zuschauer in der Lage, sich mit den Problemen auseinanderzusetzen, die Dürrenmatt thematisiert. Da Freiheit für ihn von großer Bedeutung ist, stellt die Unfreiheit des Menschen einen seiner wichtigsten Kritikpunkte dar. Die Verarbeitung gesellschaftspolitischer Themen und der Versuch der Beeinflussung des Zuschauers stehen allerdings im Widerspruch zu der fatalistischen

---

[1] Eisenbeis Manfred : Lektürehilfen Die Physiker, S.87-91

Einstellung Dürrenmatts, die in vielen seiner Werke deutlich wird. Als Konsequenz dieses Widerspruchs, ergibt sich das Auftreten Dürrenmatts als „mutiger Mensch". Dies zeigt sich auch an den „Physikern", da Dürrenmatt eine Trennung vom Wissenschaft und Politik und sogar einen „Forschungsstopp" für bestimmte Bereiche der Wissenschaft fordert, obwohl er um die Sinnlosigkeit seiner Forderungen weiß. Dürrenmatt verhält sich im Kalten Krieg unparteiisch, da er die Ursachen des Konflikts nicht in den unterschiedlichen politischen Systemen der Staaten, sondern in dem machtpolitischen Egoismus Einzelner sieht. Er hält deswegen nur eine internationale Lösung der Auseinandersetzung, mit der Beteiligung aller, von dem Konflikt betroffenen Staaten für möglich. Obwohl Dürrenmatts Komödie „Die Physiker" sich durch eine stark groteske Verzerrung der Wirklichkeit auszeichnet, werden bei genauerer Betrachtung erschreckend deutliche Parallelen zur Realität erkennbar. So veröffentlichte der überzeugte Pazifist Albert Einstein Arbeiten, die grundlegend für den Bau der Atombombe waren.[1] Als er den Missbrauch seiner Forschungsergebnisse bemerkte, versuchte er genau wie Möbius deren Verwendung zu verhindern.[1] Doch auch er scheiterte an der Kontrolle der Physik durch Staat und Industrie.[1] Dürrenmatts Drama hat bis heute nicht von seiner Aktualität verloren, da auch heute noch Wissenschaftler auf der ganzen Welt immer verheerendere Massenvernichtungswaffen entwickeln.

---

[1] Eisenbeis Manfred : Lektürehilfen Die Physiker, S.30

6) Literaturverzeichnis

Arnold, Heinz Ludwig, Theater als Abbild der labyrinthischen Welt,

In : Text + Kritik 50/51 (1980) S.32-42

Brecht, Berthold, Leben des Galilei, 1939 (o.O.)

Dürrenmatt, Friedrich, Die Physiker, Zürich 1962

Dürrenmatt, Friedrich, Friedrich Dürrenmatt über F.D,

In: Text + Kritik 50/51 (1980) S.19-31

Dürrenmatt, Friedrich, Sätze über das Theater, In : Text + Kritik 50/51 (1980) S.1-18

Dürrenmatt, Friedrich, Theater Schriften und Reden, Zürich 1969

Eisenbeis, Manfred, Lektürehilfen Die Physiker, Stuttgart 2007

Hambsch, Jasmin, Der Dramatiker Friedrich Dürrenmatt 12.03.2009

http://jasmin-hambsch.suite101.de/der-dramatiker-friedrich-duerrenmatt-a53641

09.03.2012

Kipphardt, Heinar, In der Sache J. Robert Oppenheimer, Frankfurt a. M. 1964

Knopf, Jan , Friedrich Dürrenmatt, München 1988

Kurt, Nicola, Lebenslauf Dürrenmatts in Eckdaten,(o.J.)

http://www.duerrenmatt.net/biographie/ 07.03.2012

Miesch, Peter, Dürrenmatt, Friedrich Die Physiker 01.09.2000

http://www.hausarbeiten.de/faecher/vorschau/97523.html 15.03.2012

Pulver; Elsbeth, Literaturtheorie und Politik zur Dramaturgie Friedrich Dürrenmatts

In: Text + Kritik 50/51 (1980) S.68-79

Tantow, Lutz, Friedrich Dürrenmatt Moralist und Komödiant, München 1992